AF462105

# PROMENADE AU MUSÉE,

OU

# OBSERVATIONS

## SUR QUELQUES-UNS DES MONUMENS DE LA GALERIE ROYALE DES ANTIQUES,

PAR D. M. J. HENRY,

CORRESPONDANT DE LA SOCIÉTÉ ROYALE DES ANTIQUAIRES DE FRANCE ; DES ACADÉMIES DE MARSEILLE ET DE TOULON ; DE LA SOCIÉTÉ D'AGRICULTURE, ARTS ET COMMERCE DES PYRÉNÉES ORIENTALES.

---

» Quid verum .... curo et rogo et omnis in hoc sum ».
HORAC. *épist.* *I*, 1, 10.

---

A PARIS,

Chez BAUDOUIN frères, rue de Vaugirard, N.° ;
DELAUNAY et PONTHIEU, libraires, au Palais-Royal.

1822.

A PERPIGNAN,
De l'Imprimerie de P. Tastu, imprimeur du ROI et de S. A. R. Mgr. le Duc d'Angoulême.

A Monsieur Edouard de Laplane, de Sisteron.

C'est à vous, mon ami, que je dédie ce petit livre ; recevez-le comme un gage de la bonne amitié qui nous lie et comme un hommage dû à votre érudition et à vos profondes connaissances.

Henry.

Février 1822.

# AU LECTEUR.

*Les remarques que je livre au Public ne devaient être précédées d'aucun* avant-propos*; mais une circonstance particulière me force à réclamer l'indulgence de mes lecteurs.*

*Depuis long-temps je m'occupais d'un ouvrage, sur les mœurs et les usages des Romains, composé à l'imitation de celui du savant Barthélemi, et je m'étais rendu à Paris, à la fin de* 1820, *pour le faire imprimer. Cet ouvrage, portant pour titre :* Voyage d'Amesis à Rome, *était coupé par lettres, précisément comme celui que vient de publier M. le Baron du Thaïs, ouvrage auquel la rivalité ne m'empêche pas de rendre justice, et que je me fais, au contraire, un plaisir de proclamer comme digne, à tous égards, de fixer l'attention du Public éclairé. Certaines recherches que je n'avais pu faire en pro-*

*vince; m'ayant fait apercevoir des inexactitudes dans quelques-unes de mes descriptions, et des amis recommandables m'ayant conseillé de renoncer à la forme épistolaire et d'adopter, comme mon modèle, une division par chapitres, je dus céder à leurs avis, et la publication de mon ouvrage se trouva retardée.*

*C'est en examinant avec attention, et dans l'intérêt de cet ouvrage, les marbres de la galerie royale des antiques, que je crus remarquer quelques erreurs dans l'explication de certains de ces monumens. Des recherches que je fis ensuite, soit au cabinet des estampes de la bibliothèque royale, soit dans les livres de cet établissement, me persuadèrent que les traités existans des vétemens des anciens renferment bien des inexactitudes qu'il serait peut-être possible de rectifier. Résolu dès lors de ne publier mon* Voyage d'Amesis *qu'après ces remarques sur le Musée des antiques, et après le* nouveau traité du vêtement des anciens, *dont je conçus le projet dès ce moment, je n'aurais jamais parlé de mon premier ouvrage, si, à propos de celui de M. du Thaïs, M. de Selves n'avait réclamé la priorité pour la conception du plan. Dans un article du* Journal des Débats, *il annonçait qu'il était sur le point de publier aussi un Voyage à Rome, et il invoquait le témoignage de plusieurs personnes de mérite. Cette réclamation de M. de Selves me porta à en faire une à mon tour, et à lui disputer à lui-même la priorité qu'il contestait à M. du Thaïs. Dans cette vue, j'adressai à quelques rédacteurs de journaux quotidiens une note dans laquelle, à l'exemple de M. de Selves, j'invoquais aussi le témoignage de plusieurs hommes de lettres, qui, directement ou indirectement, ont eu connaissance de mon travail ou de mon manuscrit; je citais MM. Raynoard, Barbié-du-Bocage, membres de l'Institut; de Manne, conservateur-administrateur de la bibliothèque royale; Barbier, bibliothécaire du Roi au Louvre; De la Touche, rédacteur de la Minerve littéraire, etc. Je disais encore que mon ouvrage avait été annoncé, dès l'an* 1818, *dans la* Quotidienne; *et que des extraits en avaient paru dans les n.°* 9, première année, *et n.°* 2, deuxième année, *de la* Ruche provençale, (1819 *et* 1820). *Sans doute que MM. les rédacteurs auxquels je m'étais adressé ont pensé que ma réclamation ne valait pas la peine d'être insérée dans leur feuille, car ils n'en ont fait aucune mention : c'est donc pour suppléer à ce silence que j'ai pris le parti de la présenter moi-même à mes lecteurs, dans cette espèce* d'avant-propos.

# PROMENADE
# AU MUSÉE,

OU

# OBSERVATIONS

## *Sur quelques-uns des Monumens de la Galerie Royale des Antiques.*

L'ÉTRANGER qui arrive à Paris peut aisément se livrer à ses goûts, soit qu'ils le portent à l'étude, soit qu'ils l'entraînent vers les plaisirs : tout se trouve réuni dans cette ville immense. Conduit par les miens au Musée royal des Antiques, j'ai pu en examiner avec soin les monumens, et faire, sur quelques-uns des chefs-d'œuvre qu'il renferme, des observations qui peut-être ne sont pas tout-à-fait oiseuses : je vais les exposer avec ingénuité, pour qu'on puisse les accueillir si elles sont justes, où les mettre à l'écart si elles sont erronées.

Dans un précédent voyage, j'avais admiré le Musée français, alors dans sa première splendeur. Mon premier besoin, en rentrant dans la Capitale, fut d'y voler encore. Il me serait difficile de rendre les différentes sensations que cette vue me fit éprouver. Si, d'un côté, je jouissais du bonheur de me retrouver au milieu de tant de précieux monumens, de l'autre, mon cœur se serrait en n'apercevant plus la portion la plus magnifique de l'héritage que les siècles passés aient pu léguer aux siècles modernes. De temps en temps je retrouvais cependant quelques chefs-d'œuvre sur lesquels je ne comptais plus, et le plaisir de les revoir suspendait, pour quelques instans, les amers regrets que me causait la perte des autres. Dans cette situation, je me comparais à une personne qui ayant quitté son pays pendant une contagion, y rentrerait après la cessation du fléau. Il ne rencontre d'abord que des figures nouvelles, ou de ces simples connaissances avec lesquelles il n'avait jamais établi d'étroites liaisons. Ses amis les plus chers n'existent plus, il n'ose s'enquérir de la santé des autres; il s'avance en tremblant, et, à mesure que quelqu'un d'eux vient s'offrir à sa vue, il l'embrasse avec transport et regarde sa conservation comme un bienfait du ciel. C'est en effet là le sentiment qui m'agitait quand je rentrai, pour la première fois, dans la galerie des Antiques. Un instinct machinal m'avait poussé malgré moi vers les endroits où j'avais laissé..... Hélas ! ces amis n'étaient plus..... Trop funeste résultat du déplorable fléau des cent jours..... !

Après le premier moment de douleur, je visitai toutes les salles, et bientôt, en voyant les nombreuses acquisitions faites dans ces derniers temps, par les ordres du Roi, j'oubliai que quelques monumens d'une extrême magnificence avaient illustré un instant notre Musée, et je ne pensais plus qu'à remercier, dans le fond de mon cœur, l'auguste Monarque qui a mis tant de soins à réparer nos pertes : cette munificence est vraiment digne d'un Prince français.

En entrant dans ce précieux dépôt, je m'étais procuré la notice, dont le volume m'avait d'abord frappé. Celle que j'avais eue autrefois ne contenait qu'une explication succincte des monumens exposés dans les salles : je vis avec une agréable surprise les savantes augmentations qu'y a faites M. le comte de Clarac, et qui rendent ce livret d'une utilité plus générale. Je m'empressai d'applaudir à l'heureuse idée qu'a eue cet estimable antiquaire de réunir à la description des statues, des bustes et des bas-reliefs une foule de documens qu'on ne trouve qu'épars dans une infinité de gros livres, et qui sont néanmoins susceptibles d'être consultés à tout moment par ceux qui visitent les salles des Antiques; je formai alors le vœu qu'un main exercée s'occupât d'un travail analogue pour les galeries des tableaux.

En différant d'avis sur l'explication de quelques-uns des monumens que renferme le Musée royal, mon intention n'est point de faire la critique de ce qu'en ont dit les Savans dont j'aurai peut-être à combattre l'opinion : je n'établis qu'une controverse qu'admet la science des antiquités, plus souvent conjecturale que positive. Je respecte trop les lumières de ceux qui ont traité avant moi ces différentes questions, pour oser m'engager avec eux dans une lutte trop inégale. Je ne fais qu'exposer des doutes, et je laisse à tous ceux qui possèdent les connaissances archéologiques à juger du plus ou moins de mérite que peuvent avoir mes observations.

En suivant l'ordre du livret, le premier monument sur lequel j'arrêterai l'attention du lecteur, sera, dans la salle des Empereurs, le bas-relief encastré au milieu du piédestal d'une des statues de Trajan. Sur ce marbre tumulaire se trouve (*a*) représenté un lit à dossier sur lequel sont placés deux personnages; une petite table est à la tête du lit; et deux autres personnages, placés aux

(*a*) N.° 33.

extrémités, semblent occupés à servir les premiers. A la gauche, une femme tient dans ses mains une guirlande de fleurs qu'elle vient de préparer.

Les lits à dossier n'étaient pas ordinairement destinés pour la table : ceux-ci, en général, plus bas que les premiers (*a*), étaient ouverts de tous les côtés, et on les plaçait, comme chacun sait, au nombre de deux ou de trois, dans les salles bicliniaires ou tricliniaires ; ou bien, on en disposait un seul au côté convexe des tables, que leur forme en fer à cheval faisait appeler *sigmata*.

On pourrait inférer de la forme des lits à dossier qu'on voit sur certains marbres, que dans quelques circonstances on mettait le couvert à côté du lit à dormir, soit pour plus de commodité, soit pour n'avoir pas à monter dans la salle à manger ou canacle placé au haut de la maison. Peut-être même ne serait-il pas impossible que ce qu'on est convenu d'appeler des repas, et qu'on voit sur des pierres tumu-

---

(*a*) Je dis en général, parce que les monumens les montrent plus souvent bas qu'élevés ; il y en avait pourtant qui étaient aussi hauts que les lits à dormir : on en a la preuve dans le repas grec tiré d'un vase peint, qui fait le sujet de la planche 113, du tome II de la collection d'Hamilton, et dans un repas romain tiré des peintures d'Herculanum.

laires ; ne se rapportât qu'à l'état de maladie dans lequel se trouvait l'individu dont les cendres reposaient sous ces pierres ; ce serait alors le malade lui-même qu'on verrait placé sur son lit à coucher, et auprès de lui, sa femme ou quelqu'un de ses parens. J'avoue cependant qu'il resterait toujours, par rapport au marbre que je viens de citer, une difficulté dans la guirlande que tresse la femme qui est au pied du lit : rien ne nous apprend en effet qu'on en fît quelque emploi pendant les maladies.

Une particularité qui semble ajouter une probabilité de plus, en faveur du sentiment que les lits que nous voyons, tant dans ce bas-relief que dans celui de Lorania Cypare (*a*), et sur tant d'autres monumens tumulaires, sont des lits à dormir (*b*), c'est le vase qu'on aperçoit sous celui qui nous occupe. A juger de sa destination par le rapport exact qu'il a avec ceux dont, aujourd'hui encore, on fait usage dans certaines contrées de l'Italie, on doit reconnaître dans ce meuble un vase de nuit.

---

(*a*) N.° 133 du Musée royal.

(*b*) J'entends les lits à dossier. Je pourrais citer encore le lit sur lequel se trouve placée une accouchée dans les peintures des bains de Livie, et plusieurs autres qui n'ont aucun rapport avec des repas.

Ceux, de cette espèce, que j'ai vus; soit en Toscane, soit dans quelques autres parties de l'Italie, consistent dans un vase cylindrique de verre renfermé dans un étui de tresse de spart, muni d'un couvercle fait de la même matière; une anse, qui n'est qu'un bout de ces mêmes tresses, fixée aux deux côtés de l'étui, retombe, par son propre poids, sur le devant du meuble; tout cela se fait distinguer dans le vase du bas-relief : la forme en est cylindrique; on a figuré la tresse de spart, tant à l'enveloppe qu'au couvercle, et on en voit l'anse retombant sur la partie antérieure. La seule différence qu'on peut y remarquer, c'est que le couvercle en est un peu bombé, tandis qu'il est plat et uni dans ces vases modernes.

Dans la salle qui suit celle des Empereurs, se trouve un monument (*a*) que le livret désigne sous le titre de *déménagement de villageois :* cette succincte explication me semble offrir bien des difficultés.

Trois hommes revêtus de la chlamyde sont occupés à presser la marche de deux mulets attelés à une charrue; un quatrième, en tunique courte et sans manteau, précède ce groupe,

(*a*) N.° 57.

ayant sur son épaule un bâton, à l'extrémité duquel est attaché, par de fortes cordes, un sac qui paraît très-lourd; enfin, une femme marche derrière, portant sur la tête une sorte de valise, serrée au milieu par une large bande.

Le fardeau que porte le premier personnage, au lieu d'être suspendu à celui des bouts de son bâton, qui passe derrière l'épaule, l'est au contraire à celui du devant, et M. de Clarac fait remarquer avec raison la singularité de cette manière de se charger.

Quoiqu'on aperçoive le bout postérieur du bâton, qui est coupé trop net pour laisser supposer qu'une cassure a pu faire disparaître ce qui s'y trouvait, nous n'en devons pas moins croire que l'intention de l'artiste fut de représenter un homme portant en équilibre sur son épaule un bâton chargé d'un poids à chaque extrémité. Les sculpteurs anciens prenaient, à cet égard, beaucoup de licences qu'on ne pourrait guère se permettre aujourd'hui.

Cette manière de se charger, en partageant le fardeau entre les deux extrémités d'un bâton, était assez en usage dans l'antiquité. On la retrouve sur une foule de monumens, parmi lesquels j'en citerai deux qui peuvent être facilement vérifiés. Le premier, est le bas-relief des noces de Thétis et Pélée, gravé dans les monumens inédits de Winkelman. Parmi les Divinités qui viennent offrir leurs présens à la Déesse, on en voit une portant des pièces de gibier attachées aux deux bouts d'un bâton placé sur son épaule ; le second, est une scène de satire ou fable attelane, tirée d'un vase peint, de la collection d'Hamilton. On y voit un mime grotesquement vêtu, s'avancer vers un autre mime assis et tenant un bâton en guise de sceptre. Le premier porte sur son épaule un bâton, à chaque bout duquel se trouve un panier tressé à jour, renfermant un singe.

Ce qui nous prouve encore que la charge du bout postérieur du bâton de la figure de notre bas-relief, est comme sous-entendue, c'est la manière dont le porteur appuye sa main gauche sur le poids de devant. Cette attitude ne tendrait qu'à précipiter plus promptement le fardeau à terre, s'il n'y avait pas un contre-poids à l'autre extrémité. Ce contre-poids a été supprimé vraisemblablement parce que sa présence eût nui à l'effet de la tête du premier mulet, que le sculpteur voulait détacher entièrement du fond ; il est probable même que cette idée ne lui est venue qu'après avoir ébauché toutes ses figures, car sans cela il aurait pu, en faisant obliquer un peu ce bâton sur le fond du tableau, faire sentir légèrement l'autre moitié de la charge sur le champ de son bas-relief.

Ce porteur, que sa simple tunique peut faire regarder comme un esclave, a la tête ceinte de deux rameaux de feuillages, que tient liés entr'eux un petit bandeau passant par dessus le front. On peut apercevoir des traces d'une semblable couronne sur la tête du premier personnage qui vient après l'esclave : une cassure qui existe au haut de la tête de celui qui le suit, empêche de reconnaître s'il en avait une aussi; quant au quatrième, on distingue aisément qu'il en était privé.

La charrue que traînent les mulets, trace péniblement un sillon : on voit là terre soulevée au-dessus du soc qui s'y trouve enfoncé, et le mouvement des mulets, la violence qu'emploient les hommes qui les entourent pour les faire tirer, les bâtons dont ils les frappent, indiquent bien cette action. Il ne saurait donc être question ici d'un déménagement, mais bien d'une opération de labourage, d'un défrichement peut-être, fait sous les auspices de la Divinité; la couronne de quelques-uns des personnages semble le faire croire : on sait qu'on ne pouvait se montrer en public avec cet ornement que dans le cas d'une cérémonie religieuse, et l'on sait aussi que toutes les opérations importantes de l'agriculture se faisaient sous la protection de quelque Divinité spéciale.

Si cette conjecture est vraie, on peut croire que l'esclave et la femme portent le grain qui sera confié à la terre, après que l'acte de piété aura consacré l'opération.

Quoi qu'il en soit, ce monument nous fait connaître la condition des femmes de la campagne chez les Romains. La *palla* dont est couverte celle qu'offre ce marbre, prouve qu'elle n'était pas dans l'état de servitude, et pourtant nous la voyons chargée d'un fardeau presque aussi lourd que celui que porte l'esclave, placé comme pendant à l'autre bout du bas-relief.

Les femmes ne jouissaient pas, chez les Grecs, de beaucoup plus de liberté qu'elles n'en ont aujourd'hui sous l'influence de l'islanisme, et celles des Romains n'étaient guères que des esclaves d'une condition un peu plus relevée que les autres; l'histoire nous en fournit la preuve à chaque pas. Egnatius-Metellus fut approuvé pour avoir tué son épouse, parce qu'il l'avait surprise buvant du vin à une amphore; Sulpicius - Gallus obtint le divorce, parce qu'il prouva qu'il avait trouvé la sienne sans voile, hors de la maison;

Quintus renvoya la sienne parce qu'elle causait dans la rue avec une affranchie. Les écrits des moralistes et des poètes romains sont remplis de traits satiriques contre ce sexe. Il n'est donc pas surprenant qu'à la campagne, où les mœurs étaient plus rudes et plus agrestes, les femmes fussent mises tout-à-fait au pair des esclaves. Dans quelques parties de l'Italie et dans quelques îles de la Méditerranée, ce sont elles qui sont encore chargées des plus rudes travaux. On les voit revenir des champs nu-pieds et chargées de toutes les provisions du ménage, outre le berceau de l'enfant que bien souvent elles rapportent sur la tête, pendant que le mari, bien chaussé, bien vêtu, se fait porter nonchalemment par son âne. Dans quelques villages reculés de la France, la femme sert son mari à table et ne s'y assied jamais en sa présence : ce sont-là visiblement des restes des mœurs romaines. On sait que les Gaulois, loin d'avilir ainsi leurs compagnes, avaient, au contraire, pour elles les plus grands égards, et que dans bien des circonstances ils montraient la plus entière déférence à leurs avis (1).

Avant de quitter cette salle, il faut s'arrêter

(1) Un aimable auteur vient de publier un ouvrage bien intéressant sur les mœurs de nos ancêtres : voyez *la Vierge d'Arduène*, par Madame *Elise Voïard*.

devant le sarcophage représentant des tritons et des néréides, pour remarquer que des nombreux dessinateurs qui ont fait graver ce bas-relief, pas un n'a fait attention aux ouïes de poisson qui sont placées transversalement sur les joues et sur la poitrine des Dieux marins. Cependant ces empreintes, que Winkelman regarde comme des marques distinctives de ces humides divinités, et qu'il a observées sur d'autres monumens, sont bien apparentes dans celui-ci. L'artiste semble même s'être fait un jeu de leur arrangement : celles qu'il a disposées autour des mamelons, sont placées avec une telle symétrie qu'elles y forment une sorte de rosette.

Mon intention n'étant pas de faire remarquer les caractères qui recommandent plus particulièrement tel ou tel ouvrage à l'admiration, mais de voir si les explications qu'on en a données jusqu'ici sont conformes aux idées que je m'en suis formé, je m'impose silence sur les beautés du groupe du Centaure, et je ne m'occuperai que de rechercher quelle a dû être la pensée de l'artiste qui l'a exécuté.

Ce centaure (*a*) porte sur son dos un petit Dieu qu'à ses aîles et à son air malin on prendrait

(*a*) N.° 134.

pour l'Amour, si le lierre qui couronne ses tempes ne faisait reconnaître en lui le génie du vin.

En examinant la tête de la principale figure, on y voit une certaine expression de douleur qui contraste avec l'air d'hilarité de celle du petit génie. M. de Clarac pense que ce Dieu, après avoir vaincu celui qui le porte, lui a lié les mains derrière le dos, et il en fait un emblême très-ingégieux de l'ivresse. Feu M. Visconti, qui décrit ce groupe dans ses monumens de la Pinciana, voulant trouver la raison du mouvement du bras droit du génie, suppose que de la main de ce côté, il élevait les liens qui attachent les bras du Centaure, tandis qu'il le frappait d'un fouet placé, originairement, dans sa main gauche.

Malgré l'air de douleur du monstre, je crois que ce personnage joue plutôt avec le petit Dieu qu'il n'est vaincu par lui. Son torse est légèrement tourné vers la droite, sa tête est inclinée du même côté, et les traits de son visage annoncent une souffrance instantanée. Ses deux mains se reposent négligemment sur son dos de cheval, mais ne sont pas attachées : avec quelque soin qu'on les examine, on n'aperçoit aucune trace de lien. Si l'intention de l'artiste avait été de montrer le centaure garroté, ou bien, dans l'idée poétique, vaincu par le vin, aurait-il négligé d'exprimer ces liens sur les bras rapprochés? il se serait privé de l'un des principaux traits pour rendre sa pensée ; puisqu'on ne voit aucuns vestiges d'entraves, et que les avant-bras sont bien détachés. Il est probable que M. Visconti a été dans l'erreur, en supposant que le petit génie tenaitd e sa main droite, élevée en l'air, l'extrémité des liens? Cherchons une autre cause au mouvement de cette petite figure : avec un peu d'attention nous nous convaincrons que l'artiste a fait choix d'un sujet moins poétique que gracieux ; nous verrons le petit Dieu, non pas comme l'a rendu celui qui l'a restauré, et qui, en lui faisant la main ouverte, a donné à cette main, et par suite à toute la figure, une attitude insignifiante, mais telle qu'elle a dû être dans le principe, c'est-à-dire, faisant une espiéglerie, tirant le Centaure par les cheveux.

Ce que j'avance ici pourrait paraître bien hasardé, si je n'avais à appuyer mon sentiment par des preuves irrécusables.

Une circonstance qui paraît avoir échappé à M. Visconti et à M. de Clarac, et qui me semble décisive, c'est que le Centaure ayant des oreilles de faune, c'est-à-dire, dont le haut s'allonge en pointe, celle du côté droit est abaissée et applatie, tandis que celle du côté opposé se relève en cornet bien évidé. Si on ajoute à cette observation, qu'il existe, au dessus de cette oreille droite, ainsi baissée, une lacune (*a*) qui prouve qu'une grosse mèche de cheveux en a été détachée, on sera convaincu que cette mèche a été détruite en même-temps que le bras du génie fut brisé. Ne devient-il pas évident alors que ce petit génie tirait le centaure par cette poignée de cheveux; et n'aperçoit-on pas aussitôt dans cette action la triple cause, de l'abaissement et de l'applatissement du cornet de l'oreille, du renversement de la tête en arrière et de l'air de douleur de la figure, dont la grimace est précisément celle qu'on voit faire aux personnes à qui on tire les cheveux en jouant?

Une singularité bien remarquable que présente ce groupe, c'est la ceinture que porte le petit Dieu, et que M. de Clarac croit être le *cingulum* dont se ceignaient les cavaliers : je ne saurais être de son avis.

---

(*a*) Il paraît que la mèche de cheveux que tenait le Génie n'était pas tirée du même bloc que le Centaure, mais qu'elle faisait partie de la pierre dont a été fait le petit Dieu. Elle se trouvait adhérente à sa main et collée à la tête du Centaure au-dessus de l'oreille.

A quel propos, en effet, cette partie de l'attirail militaire se trouverait-elle sur les reins de cette figure ?

Le *cingulum* était, en ne l'examinant que comme attribut militaire, un ornement d'une grande importance ; c'était dégrader un guerrier, le tacher d'infamie que de l'en priver quand il le portait : *Si militia prœditus sit, cingulo spoliabitur*, dit l'empereur Marcien (*a*) ; c'était surtout la peine des sacriléges : *Sit interdum ut ex delicto suo privetur miles militiæ cingulo, in his maximè ubi sacrilegia committuntur* (*b*). Suetone, Frontin, Bissonius (*c*) parlent aussi de la privation du cingulum comme d'une peine militaire.

L'important est de découvrir ce que c'était que cette partie si honorable et si précieuse de la parure des guerriers, afin de nous assurer que ce n'est pas elle que nous voyons sur notre petit génie.

D'abord il paraît bien certain, par toutes les raisons qu'en donne Pitiscus, que le cingulum n'était pas le baudrier de l'épée ; celui-ci portait

---

(*a*) *De sum. trin. IV.*

(*b*) *L. Sarisb. L.*

(*c*) *Suet. in aug.* 24 ; *Frontin. Strab. IV*, 1. *Barnabeus Bissonius. Selec. Antiq. II*, 7.

le nom de *baltheus*, et Virgile le distingue bien du cingulum (*a*).

C'était pourtant une marque dont étaient décorés certains militaires : un passage de Trebellius Pollio, *cum cingula sua plerique militantium qui ad convivium venerant ponerent hora convivii* (*b*), semblerait faire croire que le cingulum ne se portait qu'avec l'armure, puisque le mot *militans*, dont il se sert, exprime plus particulièrement l'homme armé ou combattant. Ne peut-on pas conclure de ces rapprochemens, que le cingulum était cette sorte d'écharpe qu'on voit sur la cuirasse de plusieurs statues d'empereurs et de guerriers, et dont les bouts, garnis de torsades, après avoir formé un nœud sur le creux de l'estomac, sont engagés de chaque côté sous cette ceinture même, avec une certaine symétrie, pour ne pas les laisser pendre de toute leur longueur ? Au lieu des torsades qui en terminent les bouts sur les figures que nous connaissons, il a pu y avoir plus anciennement des boules, ou, comme nous les appelons, des glands, pareils à

---

(*a*) . . . . . . . . . . . . . Humero cum apparuit alto Baltheus et notis fulserunt cingula bullis. *Enéid. XII*, 941.

(*b*) Gall. cap. 2. Voyez sur le *cingulum* l'article de Samuël Pitiscus dans son grand dictionnaire des antiquités.

ceux qu'on voit à quelques ceintures de femmes, et ces glands, ou d'or ou couverts de fil d'or, auraient été les bulles éclatantes dont parle le poëte, si, par le mot *bullis*, il n'a pas voulu exprimer les torsades elles-mêmes.

Aucune des grandes statues du Musée ne porte le cingulum, suivant l'idée que nous venons d'attacher à ce mot; mais on le voit sur celle de Jules César de la collection de Maffei, dont une copie est dans le jardin des Tuileries; sur plusieurs autres statues de cette même collection, ainsi que de la galerie Justiniani; sur la statue de Telamon, publiée par Boissard; sur des soldats, dans les planches de Montfaucon; sur d'autres soldats composant les classes des *Pileati* et des *Peltati*, de Boissard; et sur une infinité d'autres monumens; on le trouvera néanmoins au Musée, sur les bustes de Gordien Pie, comme sur les cuirasses détachées de Sextus Pompée et de Mars (*a*); et c'est encore le cingulum que M. Lemonnier a peint sur la cuirasse de Léonidas, dans son beau tableau de Cleombrote (*b*); nous pourrions même supposer, sans trop d'invraisemblance, que c'est le cingulum qui s'est conservé dans

(*a*) N.° 150 et N.° 474.

(*b*) Galerie du Luxembourg, N.° 45.

cette écharpe dont se ceignent les officiers des nations voisines, quand ils sont de service, et que portent seulement chez nous les officiers généraux.

Quant à la ceinture qui serre les reins de notre petit génie, elle est d'autant plus extraordinaire que, placée sur le nu, on ne devine pas quel pouvait en être l'usage. Cette ceinture paraît formée d'une bande de cuir, ou peut-être de métal, terminée d'un côté par une patte percée et fixée à la lanière par deux clous rivés, et de l'autre par un crochet qui sert d'agraffe. M. Visconti la regarde comme une singularité peut-être unique.

De la salle du Centaure, on passe dans celle de la Diane, où se trouvent deux figures qui nous donneront matière de faire une petite digression sur les flûtes traversières.

On est dans l'habitude de contester aux anciens la connaissance de ce genre de flûtes, et M. F. de Castillon croit même qu'ils n'eurent jamais de flûte à bec (*a*).

La prévention qu'on a généralement contre les flûtes traversières est si forte, que toutes les fois qu'un monument, dont l'antiquité est bien avérée, présente un musicien en attitude d'en

(*a*) Encyclop. in-f.°, suppl. au mot flûtes.

jouer, on aime mieux supposer qu'il se repose que de convenir que les Grecs et les Romains ont pu avoir fait usage de cet instrument si simple en soi, bien moins compliqué que la flûte à anches, d'une construction bien plus facile, et dont la syringue de Pan, le plus ancien peut-être des instrumens connus, avait dû être le type.

Il est un principe que personne ne saurait contester, c'est que nul ne se donne de l'incommodité sans motif et pour le seul plaisir de le faire. Il est tout aussi incontestable que la position des bras pour jouer de la flûte traversière est plus fatigante que celle pour jouer du flageolet.

Je le demanderai donc à tout lecteur impartial et sans système : est-il bien naturel de supposer qu'un homme qui joue d'un instrument prenne, précisément pour se reposer, une attitude plus incommode que celle qu'il avait en faisant résonner cet instrument ? Voyons-nous les personnes qui jouent de la clarinette ou du hautbois, qui sont les flûtes à anche des anciens, plus perfectionnées, contrarier le mouvement naturel de leurs bras quand ils tirent leur instrument de la bouche, et les tenir de côté comme ceux qui jouent du fifre ou de l'octave ? Aucun de nos musiciens ne le fait; et ce que ne font pas les modernes, les anciens ne l'ont pas fait dans les mêmes circonstances, parce que c'eût été se donner un mal inutile et sans but. La position des bras, quand les mains tiennent un instrument à anche, est toujours un peu gênante; le mouvement le plus naturel, quand le musicien se repose, est de les laisser tomber de leur propre poids, parce qu'ils se délassent dans cette attitude qui leur est naturelle ; or, si on ne porte pas ses bras et son instrument vers le côté droit pour se reposer pendant un intervalle plus ou moins long, comment concevra-t-on qu'on puisse faire ce mouvement, aussi inutile que fatigant, pendant le temps si court qu'on met à respirer?

M. Visconti, dans ses monumens de la Pinciana, et M. de Clarac, dans la notice du Musée, se fondent, pour trouver l'indication du repos dans cette position oblique de la flûte, sur une peinture du célèbre Protogène, qui avait représenté un faune effectivement dans l'instant du repos, et qu'on désignait, à cause de cela, par l'épithète d'*anapauomenos*. Mais aucun écrit de l'antiquité ne nous apprend dans quelle attitude ce peintre avait rendu cette figure, afin de savoir si la comparaison est juste. Il est très-possible, il est vraisemblable même qu'elle n'était pas comme celle de nos faunes. D'ailleurs pense-t-on que les sculpteurs eussent cherché à copier dans une statue une figure de tableau ? chaque genre a sa manière d'exprimer une idée, et celle qui convient à la peinture, n'est pas toujours celle qui réussirait le mieux dans l'autre art.

Une vérité de fait, c'est que les anciens n'ont jamais forcé les mouvemens de leurs figures, pour rendre une action d'une manière différente de celle qu'elle doit avoir dans l'ordre naturel : ce serait pourtant le supposer que de regarder comme jouant d'un instrument, dont la position doit être directe, les figures qui le tiennent obliquement.

Loin de croire que les anciens ne connaissaient pas la flûte traversière, je pense, au contraire, que c'est une de celles dont l'usage dut être introduit des premiers ; que c'était un instrument champêtre, le seul peut-être dont jouassent les pâtres (comme encore à-peu-près aujourd'hui), puisque ce n'est guère que dans les mains des faunes que nous l'apercevons.

Si on veut examiner sans prévention la bouche des faunes du Musée, surtout celle de la statue qui est au côté gauche de la porte, on verra que la position des lèvres ne saurait être mieux marquée pour le jeu de la flûte traversière. Ces deux statues ne sont pas les seuls monumens de notre collection qui offrent l'image de joueurs de flûte ;

on en voit un troisième sur le bas-relief d'un autel qui se trouve dans la salle du héros combattant. Il est impossible de douter que ce dernier ne joue de la flûte traversière ou *plagiaule* , puisqu'on la voit à sa bouche ; et M. de Clarac ne peut s'empêcher d'avouer que ce paraît être un instrument de cette espèce , quoiqu'il admette pourtant encore , et comme par concession aux idées reçues , la possibilité du moment de repos.

La salle de la Diane renferme plusieurs monumens de la plus grande célébrité, mais comme aucun ne nous donne lieu à des observations , nous passerons dans celle du Tibre , où le beau groupe représentant ce fleuve nous arrêtera quelques instans.

Après avoir admiré la figure principale , il faut porter ses regards et son attention sur les bas-reliefs qui décorent trois des côtés de la plinthe sur laquelle cette figure repose.

Ces bas-reliefs , assez frustes en quelques endroits , mais très-intéressans à étudier , expriment , suivant la supposition de M. de Clarac , l'arrivée d'Enée en Italie. D'après cette conjecture , cet estimable antiquaire pense que le groupe de maisons qu'on aperçoit au bout d'un des petits côtés , peut être l'indice de la ville de Lavinie , et qu'on peut trouver le dieu Numicus dans l'une des figures.

Toutes les fois qu'un monument un peu compliqué se présente à nous et que nous devons en donner l'explication, nous cherchons dans notre mémoire un trait d'histoire, un événement, une anecdote qui puisse se rapporter au sujet dont nous voulons nous rendre raison ; et il arrive souvent alors que nous attribuons aux artistes de l'antiquité de grandes pensées qu'ils n'eurent pas toujours. Il est probable que M. de Clarac se trouve dans ce cas, par rapport au statuaire qui a exécuté ce beau groupe ; il lui fait honneur d'une idée poétique à laquelle il me semble qu'il était loin de songer. En méditant sur chacun de ces bas-reliefs, on reconnaîtra qu'ils sont indépendans les uns des autres, et que l'unique but de l'artiste fut de représenter quelques-unes de ces scènes qui se passent journellement sur les rives des fleuves et des rivières ; c'est un accessoire qui se lie spécialement à la figure principale, et qui a un rapport local avec le cours du Tibre. Voulant peindre sans doute la fertilité des bords de ce fleuve ou l'excellence des pâturages qu'il arrose, l'auteur a placé sur la bande qui règne du côté de la tête du Dieu, des bestiaux paissant sous la garde de deux chiens : il n'y a rien là qui puisse avoir trait à l'arrivée des Troyens chez les Aborigènes. Le côté opposé serait le seul qui pût, à la rigueur, donner lieu à une interprétation de ce genre; mais il est aisé de démontrer qu'elle serait tout aussi peu fondée.

D'abord, en commençant par la gauche, on voit un rempart surmonté d'édifices. Au-dessous d'une maison située hors de l'enceinte des murailles, on remarque un animal qui ressemble à un porc ou à une truie; puis se trouve un rocher sur lequel est assise une figure dont le mauvais état de la pierre empêche de reconnaître l'action; vient ensuite le Tibre, dont les eaux ne sont que le déversement de celles au milieu desquelles est couchée la statue colossale; car on peut remarquer que les ondes de cette table se continuent sur l'angle même de la plinthe, en cet endroit seulement, et qu'elles se prolongent jusqu'au bas pour indiquer le cours de l'eau; deux hommes, les bras étendus en croix, y sont plongés jusqu'à lapoitrine. Sur l'autre rive, s'élèvent de nouveaux rochers sur lesquels on voit deux pêcheurs tenant leur ligne dans l'eau, et ayant chacun un panier suspendu à leur bras gauche.

Pour trouver dans ce bas-relief une allusion à l'arrivée d'Enée à l'embouchure du Tibre, il faut supposer que les deux personnages qui sont dans l'eau représentent les Troyens, et que celui qui est assis sur le rocher qui leur fait face, est le génie ou le symbole de cette terre promise, ou bien le Dieu du Numicus, selon la conjecture de M. de Clarac; mais des difficultés qui me paraissent insurmontables, repoussent cette supposition.

Premièrement, pourquoi l'artiste aurait-il supprimé la flotte troyenne, en voulant représenter l'arrivée d'une colonie d'étrangers venus par mer? comment aurait-il caractérisé leur abord aux rives du Latium, sans vaisseaux, ni barques, ni nacelles? secondement, pour quelle raison les Troyens se seraient-ils jetés dans la mer pour arriver à terre à la nage? troisièmement, à quels signes peut-on reconnaître Enée dans l'une ou l'autre de ces deux figures nues et à longue barbe, que nous voyons plongées dans l'eau? quelles sont les marques qui désignent au spectateur l'illustre chef des enfans d'Illion, la souche des Rois qui devaient fonder un jour la puissance Romaine? Quel serait cet autre personnage qui se trouve avec lui? Où est Ascagne, l'inséparable compagnon de son père, celui pour qui les oracles vont s'accomplir, et qui est un personnage obligé dans cette grande scène? Que signifient ces bras étendus en croix dans ces deux figures? Quelle noblesse, quelle dignité y a-t-il dans cette attitude? l'artiste n'aurait-il su les disposer autrement pour leur faire exprimer quelque chose qui eût rapport avec la prise de possession d'une terre nouvelle? Si l'auteur de ce beau marbre avait voulu représenter un événement d'un tel intérêt pour l'histoire romaine, eût-il sacrifié ainsi toutes les expressions? n'aurait-il pas fait deviner sa pensée par la disposition non équivoque de ses figures, par quelque allégorie qui n'aurait laissé aucune incertitude? aurait-il, dans une scène aussi sévère, introduit deux misérables pêcheurs qui, leur ligne dans l'eau, et entièrement étrangers à ce qui se passe sous leurs yeux, ne paraissent occupés que de leurs besoins et n'avoir d'autre intérêt que celui de remplir, du produit de leur pêche, le panier encore suspendu à leur bras?

La présence d'une truie dans ce bas-relief, pourrait-elle avoir offert quelque apparence de probabilité en faveur de la supposition que je combats? non : car, sans les trente petits qu'avait prédits l'oracle, cet animal ne peut se lier à l'histoire d'Enée; il n'a aucun rapport avec l'instant de son débarquement; et la truie allégorique de Lavinium n'est que l'indice des trente années qui devaient s'écouler avant qu'Ascagne ne fondât la ville d'Albe-la-longue. Cette truie ou ce porc, car il est impossible de dire lequel des deux, pourrait peut-être faire reconnaître une ferme, un *prædium rusticum*, dans cette maison isolée des autres et placée hors de l'enceinte des murailles. On n'ignore pas d'ailleurs que les Romains étaient très-friands de la chair de porc et surtout du *sumen* de la truie, et que cet animal était victime obligée dans une foule de sacrifices ; il n'est donc pas étonnant qu'il s'en trouve un sur la rive du fleuve.

Si nous passons maintenant aux deux hommes qui sont plongés dans l'eau, et si nous les examinons avec le même esprit de critique, nous nous convaincrons qu'ils ne sont autre chose que des baigneurs qui, après s'être livrés à l'exercice de la natation, reviennent au rivage où se trouve un troisième personnage, peut-être celui qui garde leurs habits, peut-être un pêcheur qui n'a pas encore tendu sa ligne, car il tient de la main gauche et dans une situation verticale, quelque chose qu'on ne peut distinguer (*a*). La manière

(*a*) Vanclève qui a fait la copie du Tibre qu'on voit au jardin des Tuileries, ne sachant comment caractériser cette figure qui est extrêmement fruste, a imaginé de la convertir en guerrier appuyé sur sa lance, qu'il tiendrait alors de la main gauche, ce qui est contre l'usage, le bras gauche n'étant que pour le bouclier. Ce n'est pas la seule erreur qu'il ait commise dans la copie de ces bas-reliefs ; il a fait un des autres pêcheurs accoudé sur une dont ces deux hommes s'avancent prouve qu'ils ont déjà retrouvé la terre sous leurs pieds : ils marchent les bras étendus en balancier, pour mieux se soutenir au milieu des flots : n'est-ce pas là ce qu'on voit faire à tous les nageurs qui traversent une rivière ou qui se baignent dans un endroit dont le fond est inégal ?

Le troisième côté de cette plinthe, celui de derrière, qui est beaucoup plus long que les deux autres, a permis aussi à l'artiste de rendre une scène plus étendue.

D'abord, en partant de la gauche, trois hommes placés sur le rivage hallent une barque sur laquelle il ne reste qu'un marinier placé au gouvernail; en avant de celle-ci, on en voit une autre qui quitte le rivage et va redescendre le fleuve : dans cette dernière, la manœuvre se fait, comme encore aujourd'hui, au moyen de longues perches avec lesquelles les mariniers poussent la barque pour lui faire prendre le fil de l'eau. Une troisième barque est amarrée le long du bord du fleuve, en avant des deux premières, et se trouve

---

pointe de rocher, tandis que dans l'antique il a un panier suspendu à son bras. Dans la barque en chargement, qui est à la bande de derrière, il a placé aussi un vase entre les mains d'un des mariniers, tandis que dans l'antique c'est un tableau carré.

en chargement. N'est-ce pas ici toute la navigation du Tibre exprimée par le mouvement différent des ces trois navires, dont un va, un vient, et le dernier est amarré contre le quai ?

Ce bas-relief est d'autant plus intéressant à consulter, qu'il paraît nous donner, sur les vaisseaux caudicaires, des renseignemens dont nous étions tout-à-fait dépourvus.

Que les trois barques de ce côté de la plinthe soient des vaisseaux de rivière, on n'en saurait douter ; la forme seule de leur gouvernail en donne la certitude. Chacun sait que les vaisseaux destinés à la navigation maritime avaient, pour se diriger dans leur marche, deux rames courtes, à pelle très-large, placées aux deux côtés du navire vers la poupe : celle que le Dieu tient dans sa main gauche en offre elle-même le modèle. Dans les barques du bas-relief, le gouvernail n'est au contraire qu'une rame très-longue, placée seule dans une biffurcation qui se trouve à la pointe de la poupe, et on la voit là, telle qu'elle s'est encore conservée de nos jours dans les bacs sur lesquels on traverse les rivières.

S'il est bien reconnu que ces vaisseaux sont réellement des vaisseaux de rivière, nous pourrons ajouter, avec une certitude presque égale, qu'ils appartiennent à la classe des caudicaires.

Qu'est-ce en effet que ces vaisseaux ?

« Les anciens, dit Varon, appelaient *codices* » plusieurs planches réunies, d'où nous nommons » caudicaires les vaisseaux du Tibre ». Sénèque dit aussi que la réunion de plusieurs ais prenait chez les anciens le nom de Codex, d'où, ajoute-t-il, on nommait codes les tablettes publiques, et caudicaires les vaisseaux qui, par suite d'une ancienne coutume, charrient les approvisionnemens sur le Tibre (*a*). Il est donc établi, par ces deux passages, ce qu'au reste personne ne conteste, que les vaisseaux caudicaires étaient certaines barques qui naviguaient sur le Tibre, et dont la destination principale était d'aller chercher à Ostie les grains qu'avaient apportés les vaisseaux maritimes qu'on nommait *annonariæ*, à cause de ce chargement : elles les transportaient à Rome où l'association des *saccarii* ou portefaix les prenait pour les verser dans les greniers publics, après que les *mensores*, dont parle une inscription, qui les représente comme ayant

---

(*a*) . . . Claudius. . . . Ob hoc ipsum appellatus quia plurium tabularum contextus, caudex apud anticos vocabatur, unde publicæ tabulæ codices dicuntur, et naves, nunc quoque quæ per Tiberim ex antiqua consuetudine commeatus subvehunt, caudicariæ vocantur. *De brev. it. cap.* 13.

eu de longues discussions avec les caudicarii (*a*); les avaient mesurés.

En l'an 488 de Rome, le consul C. Appius, voulant passer en Sicile à la tête de son armée et n'ayant pas de flotte pour l'y conduire, s'avise de réunir, sur la côte de Calabre, quelques vaisseaux caudicaires, et il effectue, par leur moyen, le passage du détroit de Messine, ce qui lui fit donner à lui-même le surnom de *Caudex*. Il fallait que ces vaisseaux ne fussent pas de simples nacelles, mais des barques d'une certaine force, et telles en effet que nous les montre le monument, pour que Claudius Appius osât risquer avec elles un trajet de cinq lieues de longueur au milieu de la nuit, dans un passage réputé très-dangereux chez les anciens; et pour que ce transport de troupes se fît en peu d'heures, pour éviter que le jour n'en donnât connaissance à la flotte des Carthaginois (*b*).

---

(*a*) *Smeti. inscrip.* pag. 70.

(*b*) Ce trait de la première guerre punique est de la plus grande obscurité, ainsi que le démontre le chevalier de Folard dans une note de ses commentaires sur Polybe. Cet historien, qui dans le chapitre premier de son ouvrage, dit qu'Appius Claudius traversa hardiment le détroit, sans s'expliquer sur les moyens qu'il employa, semble faire entendre, dans le quatrième chapitre, que

Suivant Festus, le nom de *caudicariæ* était donné à ces barques, par la raison qu'elles étaient construites *ex tabulis crassioribus*, ce qu'on rend par planches très-épaisses. Si on voulait s'en tenir uniquement à cette interprétation, on s'éloignerait du sens donné par Varon et Senèque au mot *Codices*. Salluste (*a*), en parlant de certaines barques construites secrètement pendant l'hiver, pour les jeter sur l'Euphrate, les nomme aussi caudicaires; or, si ces barques, qui étaient d'une certaine grandeur, avaient été faites avec des planches très-épaisses, elles auraient été d'un transport trop difficile, en raison de leur poids;

---

ce passage s'effectua avec des galères à 50 rames et avec des trirèmes que les Romains avaient empruntées des Tarentins, des Locriens, des Eléates et des Brutiens. Senèque, au contraire, dit expressément qu'Appius ne fut surnommé *Caudex*, que parce qu'il s'était servi de barques caudicaires pour cette expédition; l'auteur de la Vie des hommes illustres, en parlant d'Appius-Caudex, dit qu'il traversa le détroit sur des bateaux de pêche; enfin Frontin, dans ses Stratagêmes, en donnant cette action comme un trait d'habileté du Consul, se tait sur l'espèce des navires dont il se servit. De tout cela il résulte néanmoins que les vaisseaux caudicaires étaient d'assez gros bâtimens, puisqu'on peut les comparer à des galères.

(*a*) *Histor.* IV.

il est donc évident que par le mot *crassioribus* ; il ne faut entendre que des planches grossières, que l'ouvrier n'a point façonnées, qu'il emploie telles qu'il les trouve ; et dans ce sens nous pourrions comparer ces vaisseaux à ces barques qui naviguent encore sur le Rhône, qui sont faites de planches grossières, et dont la forme extérieure est exactement la même que celle des barques de notre bas-relief.

Quoique ces navires fussent construits grossièrement, ils ne laissaient pas que d'être pontés, pour mettre à l'abri des intempéries, les grains ou telle autre marchandise qu'ils devaient transporter à Rome ; c'est ce que nous apercevons très-distinctement sur ceux du bas-relief. Le second nous prouve même que ce pont s'étendait jusqu'aux deux extrémités : un homme qui est à la proue, après avoir enfoncé sa perche dans l'eau, s'était mis à genoux pour la pousser avec l'épaule ; il est en attitude de se relever pour parcourir, en poussant toujours, toute la longueur de la barque ; un second marinier est déjà parvenu à plus de la moitié de cette longueur ; et un troisième, qui est arrivé à la poupe, retire sa perche de l'eau et se dispose à retourner à la proue, pour recommencer la même opération.

Ce n'était pas assez que l'artiste nous eût appris que les vaisseaux caudicaires étaient couverts d'un pont, il fallait encore que, prévoyant notre embarras, il nous montrât l'endroit où étaient percées les écoutilles. Ces ouvertures étaient au milieu et à l'avant. On n'a qu'à examiner la troisième de ces barques, l'écoutille du milieu se fait deviner par la tente qui la surmonte; celle de l'avant est rendue très-sensible par un homme qui s'y trouve enfoncé à moitié. Dans la première barque, celle que des hommes placés sur le rivage hallent contre le courant, une partie de la cargaison se trouve placée au-dessus de l'écoutille du milieu, que fermaient sans doute alors des panneaux, comme de nos jours. On voit, à Marseille, les barques du petit cabotage porter encore ainsi sur le pont, au milieu du navire, les marchandises ou les objets de transport qui ont le moins à souffrir du mauvais temps.

Sur celle de nos barques caudicaires qui se trouve en chargement, il se passe trois scènes différentes. D'abord vers la proue, le marinier dont je viens de parler, et dont on n'aperçoit que le buste parce que ses jambes sont dans l'écoutille, est occupé à recevoir et à placer sous le pont, les ballots qu'apportent des porte-faix qu'on voit sur le rivage. L'un d'eux, qui est près de monter à bord, a un fardeau d'un très-petit volume, mais qui paraît bien lourd, car il le soutient avec peine de ses deux mains. Derrière celui qui arrime les marchandises, s'élève la tente qui couvre l'ouverture de l'écoutille du milieu. En arrière de cette tente, un second personnage, assis sur ses talons, tient dans sa main gauche une espèce de tableau : c'est sans doute le patron qui inscrit les marchandises qu'on apporte sur sa barque ; il voit ce qui se passe à la proue, à travers le vide de la tente. A la poupe, un troisième marinier, à genoux et s'appuyant sur ses avant-bras étendus à terre, souffle avec sa bouche le feu qu'il vient d'allumer sur le foyer : une marmite se trouve tout auprès.

Le foyer qu'on voit sur cette barque est semblable à ceux dont on se sert encore aujourd'hui sur les petits bâtimens de la Méditerranée, qui eux-mêmes, pour le dire en passant, ont conservé, en très-grande partie, la forme des vaisseaux des anciens. Ceux de ces foyers qu'on voit sur ces barques, consistent en une caisse carrée très-basse, tant soit peu élevée sur ses quatre pieds, et remplie de terre, sur laquelle on maçonne ordinairement une rangée de briques pour former l'âtre : tel se présente, à ces derniers détails près, celui du vaisseau du bas-relief.

J'ai fait remarquer que, différant des vaisseaux de

mer, ceux destinés à la navigation fluviale, n'avaient qu'un seul gouvernail placé à l'extrémité de la poupe; il faut remarquer encore que cette rame étant très-longue, la partie de la poupe où elle était fixée, montant beaucoup au-dessus du niveau du tillac, et la poignée s'en trouvant par-conséquent trop élevée pour qu'un homme pût commodément y atteindre, on avait soin de la recourber de manière à ce que cette extrémité du levier descendît plus bas dans le navire, qu'elle ne l'aurait fait sans cette précaution : la première et la troisième barque nous montrent la poignée de leur gouvernail courbée de cette manière. Dans nos bacs, où cette pièce est encore semblable à celle que nous apercevons sur ces vaisseaux caudicaires, au lieu de recourber ainsi la partie de cette longue rame qui vient dans la barque, ce qui ne devait pas laisser que de présenter de grandes difficultés pour la faire mouvoir, on dresse, ce qui vaut bien mieux, sur le bout de pont qui est à la poupe, un petit échaffaudage, au-dessus duquel monte le patron pour arriver à la hauteur de la poignée de son gouvernail : il le manie alors avec autant de facilité qu'une rame ordinaire.

Outre la forme des vaisseaux caudicaires, ce bas-relief nous fait encore connaître le nombre de mariniers qui les montaient ; ce nombre, ainsi que le témoigne la première barque, était de quatre hommes y compris le patron.

Les trois côtés de cette plinthe ont été gravés en encadrement autour de la statue du Dieu, dans un ouvrage dont j'ignore le titre, mais dont on trouve les planches détachées dans un recueil de monumens d'antiquité, du cabinet des estampes de la bibliothèque royale, portant le N.° 831 : dans la représentation, très-infidèle, de ces bas-reliefs, il manque plusieurs figures. On les trouve aussi gravées en deux bandes, sous la statue du Fleuve, dans la planche 39 du tome 1 du Musée Pie-Clementin.

Entre la salle du Tibre et celle du Héros combattant, qui la suit, se trouve une arcade sous laquelle sont placées deux statues et deux bas-reliefs. Le livret indique, sous le titre de Mars vainqueur, la statue qui est à droite (*a*).

Est-il bien certain que ce soit là le Dieu de la guerre ?

Tout ce qui constitue l'univers : les cieux, la terre, les mers, les fleuves, les rivières ; toute la nature animée et inanimée ; tout ce qui vit et respire, tout ce qui a vie sans faculté d'agir ;

---

(*a*) N.° 260.

tout ce qui meurt et renaît, tout ce qui est, passe et ne se renouvelle plus; tout ce que les yeux peuvent apercevoir et que la pensée peut embrasser, était du domaine de la mythologie. Chaque objet, chaque tout, chaque partie d'un tout était presque toujours soumis à l'intendance particulière d'une divinité. Chaque action, chaque entreprise, chaque conception était sous l'influence d'un de ces êtres surnaturels; si l'un faisait naître un projet, l'autre présidait à son exécution. Les grandes opérations de la nature, le mouvement combiné des astres, le cours périodique du soleil, le retour réglé des saisons, l'action reproductive de la terre, étaient sous la direction de cet essaim de déités; et c'est de ces fonctions spéciales que chacune d'elles empruntait les attributs qui servaient à la distinguer de ses compagnes et à la faire reconnaître par ceux, aux hommages de qui son image était exposée. Les emblêmes qui les différenciaient étaient quelquefois en grand nombre, souvent aussi il suffisait d'un seul, pour indiquer l'être mystérieux sur les autels duquel l'encens devait être brûlé. C'est à ces marques seules que nous pouvons parvenir à les reconnaître ou à les distinguer nous-mêmes. Mais, si au lieu d'un de ces insignes symboliques et précis, nous voyons dans une figure quelque chose de vague et de douteux, un indice qui paraisse même étranger à ses attributions, il devient difficile de fixer ses idées, et réduits alors à tirer des conjectures, il est très-incertain qu'on rencontre la vérité : c'est ce qui nous arrive, je crois, par rapport à la statue qui fait l'objet de cette observation.

Il est un petit nombre de divinités qu'une certaine expression particulière, une physionomie caractéristique, une coiffure de convention, des traits, en quelque sorte, de tradition, feraient toujours reconnaître, quand bien même elles seraient privées de toute espèce de symbole. On se tromperait rarement sur une figure de Jupiter, quoique sa main ne portât pas la foudre, ou que l'aigle ne fût pas à ses pieds. Un regard amoureux, des paupières voluptueuses, la perfection des formes, une grâce touchante, une certaine pudeur indiqueraient toujours Vénus, comme un air de majesté, une fierté superbe, une contenance altière et dédaigneuse signaleraient Junon, quoiqu'il n'y ait auprès de l'une ou de l'autre de ces Déesses ni conque, ni dauphin, ni la pomme du mont Ida, ni les armes de Mars, ni le sceptre, ni l'orgueilleux oiseau de Samos (*a*);

(*a*) On voit un paon sur les monnaies de Samos : Junon était honorée d'un culte particulier dans cette île.

mais il semble bien difficile de trouver le Dieu des batailles dans un jeune homme tout-à-fait nu, et dans une figure calme, tranquille et sans passions.

En m'arrêtant devant ce *Mars vainqueur*, je cherche vainement ce qui a pu lui mériter ce nom et cette épithète : est-ce la boule qu'il tient dans sa main gauche ? mais ce symbole de la domination ne fut guère introduit que sous les Empereurs, et il est douteux, qu'à l'exception de la déesse Rome et de la Providence, qu'on représentait, comme elle, tenant un globe dans sa main droite, et plus souvent le montrant à ses pieds, aucune autre divinité l'ait eu pour emblême.

Rien dans cette statue ne me montre le plus fougueux des Dieux, celui qu'invoquent les combattans et qui les anime au carnage. Je ne vois qu'un bel adolescent dont un tendre duvet couvre à peine les joues, tenant un rouleau dans sa main droite, ayant dans sa main gauche la boule dont je viens de parler, et portant sur l'épaule de ce même côté, une légère draperie. Peut-être qu'au lieu de chercher dans cette figure une ressemblance équivoque avec le Dieu des combats, il vaudrait mieux ne voir qu'un simple *sphériste* dans celui qu'elle représente.

Les anciens, comme on sait, étaient passionnés pour l'exercice de la paume et du ballon; les philosophes et les médecins ne cessent de le recommander pour l'entretien de la santé (*a*). Dans une foule d'autres écrits, on voit ces jeux cités avec les plus grands éloges : Varron, dans Nonius, les fait jouer aux enfans; Pétrone et Sidoine Apollinaire (*b*) montrent les vieillards s'y livrant; St-Augustin avoue qu'il aimait à s'y amuser (*c*). Nous voyons Archytas jouer à ces mêmes jeux avec ses serviteurs et Socrate avec ses disciples. Nous apprenons de Plutarque qu'Alexandre le Grand en faisait l'objet de ses récréations, et les Athéniens élevèrent une statue à Aristonicus, qui avait l'habitude d'y jouer avec lui (*d*); l'austère Caton ne manquait jamais de faire, après son dîner, une partie de paume au champ de Mars; et plus tard nous voyons Auguste, Antonin, Domitien et une foule d'autres grands personnages s'abandonner à ce jeu, qui était pour eux un amusement aussi agréable que salutaire. Dans tous les gymnases chez les Grecs, dans tous les

(*a*) Galen. Cœlius Aurel. tard. pass., I, 4. III, 6. IV. 7. mercurialis.

(*b*) Lib. 1, épist. 8.

(*c*) Div. August. apud c. Suet. cap. 71.

(*d*) Athen. Dypnosoph. 1, 13, Suidas.

thermes chez les Romains, il y avait un jeu de paume ou *sphœristerium.*

Je ne parlerai pas du peu d'apparence qu'il y a qu'on eût placé dans la main gauche, et non pas dans la droite d'un Dieu, l'emblême le plus important et le plus honorable, le symbole de l'univers; mais je demanderai ce que pourrait signifier ce morceau d'étoffe qu'il porte sur l'épaule. On ne répondra pas que c'est un pallium ou une chlamyde; il est beaucoup trop petit. Plusieurs statues héroïques nues ou presque nues ont, il est vrai, le manteau ainsi roulé sur l'épaule; mais sa longueur est telle que les bouts en tomberaient à terre par devant comme par derrière, si l'artiste n'avait su trouver le moyen de les raccourcir sans rien ôter à l'ampleur de ce manteau. Pour éviter ce mouvement de draperie qui n'aurait eu rien de gracieux, ils la disposaient de telle manière que la partie qui venait par devant ne descendait pas très-bas, et que l'autre, que son poids aurait pu entraîner, était soutenue par l'avant-bras autour duquel elle venait se contourner avant de descendre jusqu'à terre pour servir de soutien à la statue : nous avons dans le Musée plusieurs exemples de cet agencement.

La pièce d'étoffe que notre sphériste porte sur

l'épaule, ne paraît être autre chose qu'une *mappa* ou un *sudatorium ;* le linge, en un mot, avec lequel on essuyait la sueur que procuraient les exercices gymnastiques.

Le jeune athlète tient de la main gauche la balle qu'il se dispose à frapper du battoir qu'il a dans sa main droite.

Nous n'avons jusqu'ici aucune notion sur la forme des pelles ou battoirs dont usaient les anciens pour renvoyer la balle; et quelques antiquaires croient même que cet instrument leur était inconnu.

Quelques forts que fussent les anciens, leur nature n'était pas supérieure à celle des autres hommes; leurs mains n'étaient ni plus dures ni moins sensibles que les nôtres. Par suite de l'habitude qu'ils avaient des exercices gymnastiques, ils pouvaient bien supporter la douleur un peu plus long-temps que nous, mais il fallait bien qu'enfin ils en ressentissent les effets, et la percussion constante et long-temps exercée d'un corps dur sur la main devait leur être aussi douloureuse après une demi-heure, je suppose, qu'elle le serait pour nous après quelques minutes (*a*).

---

(*a*) Pendant long-temps en France, et dans quelques contrées encore, on ne joue à la paume qu'avec la

Plus le jeu de paume était en crédit parmi eux ; plus ils s'y livraient, plus aussi ils devaient avoir perfectionné les moyens de le rendre moins incommode. Comment donc se persuader qu'un instrument d'une conception si simple, si facile que le battoir leur eût été inconnu. Quand ils jouaient au ballon ou *follis*, ils armaient leurs poignets de gantelets ; ils tortillaient autour de leur avant-bras de fortes courroies, comme s'il s'était agi du pancrace ; ils prenaient des brassards peu différens de ceux dont on fait encore usage aujourd'hui ; ces précautions doivent bien nous faire supposer que pour jouer à la grosse paume ils ont dû employer autre chose que la main, si ce n'est dans ces sortes de parties où il ne s'agissait que de lancer une petite balle et de la recevoir avec les deux mains, de se l'arracher les uns aux autres, de se la disputer à coups de poing.

Quand Pasquier dit que les anciens jouaient à la paume avec la *paume* de la main, et qu'il fait dériver ce nom de cet usage, cette étymologie ne se rapporte qu'au nom français, puisque dans

---

main et sans battoir, mais nos balles ne sont pas aussi volumineuses que l'étaient celles des Romains, comme on peut s'en assurer par celle de cette statue.

le latin il n'y a entre ces noms aucune analogie ; et on n'en peut rien conclure contre la connaissance des battoirs par les anciens (*a*). Il semble donc qu'il n'est pas trop invraisemblable de supposer un instrument de cette espèce dans la main de cette statue, d'autant plus que la balle qui paraît tenir le milieu entre les balles ordinaires et les ballons, est d'une dimension trop forte pour être chassée avec la main. Ce pourrait être la *Pila trigona* que trois joueurs, placés à une certaine distance l'un de l'autre, devaient se renvoyer alternativement.

En résumé, je crois ne pas avancer une proposition trop erronée en disant que notre sphériste tenait un battoir dans sa main droite, et c'est ce qui doit nous faire regretter encore plus vivement que le haut en ait été perdu. On doit

---

(*a*) On dira peut-être que si le battoir avait été connu des anciens, l'usage ne s'en serait pas perdu, puisque le jeu lui-même s'est conservé. Cette objection ne serait que spécieuse ; combien de choses plus importantes se sont conservées, surtout dans les arts, et nous ignorons complètement les procédés des anciens à leur égard. Quant au silence de Pollux sur la pelle ou battoir, on n'en peut rien conclure contre son existence, car sur combien de choses très-essentielles ce grammairien n'est-il pas d'un silence désespérant.

remarquer en effet que le rouleau que tient la statue, n'est antique que dans la partie qui sort au-dessous de sa main : le marbre cylindrique qu'on a ajouté à la partie du dessus est de restauration, et remplace l'instrument dont, d'après cette supposition, le bout inférieur n'aurait été que le manche.

Entrons maintenant dans la salle du Héros combattant, là, nous trouvons deux monumens dignes de fixer notre attention. Placés l'un au-dessus de l'autre, le premier est le sarcophage représentant la mort de Méléagre (*a*) ; le second est le groupe désigné sous le titre de personnages romains dans le costume de Mars et de Vénus.

Le bas-relief de Méléagre, savamment décrit par M. de Clarac, me donne lieu d'examiner une scène qui s'y passe et sur laquelle les antiquaires ne sont pas d'accord ; et par suite, un usage des Romains sur lequel la controverse a toujours été muette.

Le livret dit qu'une des sœurs de Méléagre veut placer dans la bouche du mourant la pièce de monnaie qu'il doit payer à Caron pour son passage, à moins, est-il ajouté, que ce ne soit

---

(*a*) N.o 270.

une tête de pavot pour assoupir ses douleurs et lui procurer une mort plus douce.

Ce qui a pu donner lieu à cette double supposition, c'est, je pense, la forme équivoque de l'objet que cette femme tient devant la bouche du moribond. De ces deux suppositions, la première seule peut être discutée, car pour la seconde, quelques réflexions suffiront pour la détruire.

Les anciens connaissaient parfaitement, sans contredit, les propriétés narcotiques du pavot; ils en avaient fait le symbole du sommeil, et c'est d'eux que nous avons appris l'usage qu'on peut en faire en médecine; mais il n'est dit nulle part qu'ils l'employassent en nature, c'est-à-dire, sec, sans préparation pharmaceutique (*a*). C'eût été manquer son but et même peut-être hâter la mort, que d'embarrasser la bouche d'un mourant d'un corps étranger, toujours trop volumineux, quelque petite qu'on eût choisi cette tête de pavot, pour l'y faire entrer sans difficulté.

Quant à la circonstance, beaucoup plus vraisemblable, de l'introduction de l'obole fatale, je

---

(*a*) Ce que je dis ici n'a rapport qu'à l'introduction d'une tête de pavot dans la bouche, ce qui cesse d'être allégorique et devient réellement médical.

ne pense pas qu'on puisse la trouver dans ce monument. Nous ignorons quel moment avaient choisi les Grecs pour placer ce dernier tribut dans la bouche de celui qui devait le payer, mais nous pouvons juger de leurs usages, à cet égard, par ceux des Romains, qui leur avaient emprunté la plupart de leurs cérémonies. Celle-ci n'avait lieu chez ce dernier peuple que plusieurs jours après la mort, au moment où les funérailles allaient commencer. La scène qui se passe ici est bien plus pathétique, bien autrement douloureuse ; c'est à l'instant suprême de Méléagre qu'assiste le spectateur ; c'est son extrême agonie dont il se trouve témoin ; c'est son dernier soupir qu'il est appelé à lui voir rendre.

M. Visconti, en parlant de l'action de la sœur du héros, dans ses monumens de la Villa Borghèse, dit qu'elle lui présente une fiole pour rappeler ses esprits et retarder sa mort. En cela, ce savant antiquaire adoptait l'opinion de Bellorio et de Montfaucon qui, en parlant d'un monument pareil, disent à peu près la même chose. Nicolas Foggino, dans la description des monumens gravés dans le tome IV du Musée Capitolin, pense, comme M. de Clarac, que l'objet présenté est la funeste obole : qu'il me soit permis de ne me ranger à aucun de ces deux sentimens et d'en proposer un nouveau.

Depuis long-temps j'étais dans l'idée que pour reconnaître si la vie avait entièrement cessé, les anciens devaient employer quelque moyen sur lequel notre instruction est en défaut : il se pourrait que ce monument nous en donnât la connaissance.

On se persuade difficilement qu'un être qui nous est bien cher n'est plus ; on veut en avoir la conviction la plus profonde : un ancien usage fait que, dans ces circonstances cruelles, on place devant la bouche de celui dont l'existence nous était si précieuse une glace, un verre, le dessous d'une montre ou tout autre objet lisse et uni que le moindre souffle peut ternir. Si l'éclat de cette surface n'est point altéré, si une vapeur légère n'en interrompt pas le brillant poli, tout espoir est perdu, le malheur qu'on redoute n'est que trop avéré.

On a trouvé quelquefois des boules de cristal dans les tombeaux antiques ; l'ingénieux auteur de Sabine, le savant M. Bættiger, parle lui-même d'une urne d'albâtre découverte à Rome, qui en renfermait vingt. Quoique ce célèbre écrivain paraisse prouver que les Dames romaines se servaient de ces globes, comme de ceux d'ambre, pour se rafraîchir les mains pendant les chaleurs de l'été, je suis très-porté à penser que leur usage ne se bornait pas là. Une boule de cette espèce fut trouvée à Tournai dans le tombeau de Childeric, père du premier Clovis, qui mourut, comme on sait, en l'an 481, et qui fut le dernier Roi payen qui régna sur la France. Certainement cet instrument ne servait pas à ce Prince pour se rafraîchir les mains ; il est plus vraisemblable que c'est la boule que, pour s'assurer de sa mort, on avait placée devant sa bouche, par suite d'un antique usage (*a*), et qu'on enferma dans son tombeau avec son armure, son manteau et les divers objets d'antiquité qu'on peut voir au cabinet des médailles de la bibliothèque royale.

Si nous portons maintenant notre attention sur le bas-relief du sarcophage, nous verrons que c'est bien réellement le moment affreux de la mort du héros que l'artiste a voulu représenter.

---

(*a*) Une scène à peu près semblable à celle de la mort de Méléagre se trouve gravée dans les antiquités de Perrier, format oblong, planche 21. Dans le bas-relief que représente ce dessin, une femme soulève la tête d'un soldat mourant, de la même manière que le fait la sœur de Méléagre, et elle place devant sa bouche la boule de cristal. Perrier paraît ne s'être pas mépris sur le vrai sens de cette cérémonie, car, dans le titre placé au-dessus de cette partie du dessin, il s'exprime ainsi : *mulier ori ipsius globulam imponit.*

Méléagre n'a pas encore expiré, mais il expire sous nos yeux : le fatal tison que sa mère Althée a jeté dans le feu va être consumé. La vie n'est pas entièrement éteinte quand nos regards se portent sur cette scène désolante, mais elle cesse en notre présence ; dans l'espace d'un rapide coup d'œil, la mort achève son ouvrage. Quelle expression dans la tête de tous les personnages présens à cet instant funeste ! Le désespoir n'a point encore éclaté, parce que l'épreuve terrible n'est pas terminée, mais il envahit déjà tous les traits. Comme tous les regards sont fixés sur cette boule qui ne confirmera que trop tôt un commun malheur ! Avec quelle inquiétude la considère surtout ce vieillard qu'à son *pedum* noueux nous aurions pu prendre pour un disciple d'Esculape, si sa douleur ne nous avait décélé le malheureux Œnée, le père de l'infortuné héros, celui qui fut si sensible à sa perte ! La boule est encore un peu ternie, le ciseau de l'artiste y a laissé une certaine rugosité, une légère élévation qui en rend la surface moins ronde : c'est le dernier souffle de Méléagre ; une de ses sœurs vient de le recueillir (*a*).

---

(*a*) Si mon intention était moins de chercher la vérité que d'établir un système, j'aurais pu passer sous silence

Il est une objection qu'on peut faire contre l'explication que je propose, et dont je ne me dissimule pas le poids : c'est que, sur un si grand nombre d'auteurs qui ont parlé de la fin de tant de personnages divers, il est surprenant qu'aucun n'ait rien dit, ni directement ni indirectement, de cette manière de constater la mort. Je réponds en premier lieu, qu'il est beaucoup d'autres circonstances de la vie privée des anciens sur lesquelles règne la plus profonde obscurité ; en second lieu, qu'il serait bien possible qu'on nous eût indiqué cette action par une périphrase de-

---

la circonstance de cette légère élévation qu'on remarque sur la boule et qui semble renverser toute ma supposition. Je ne me dissimule pas, en effet, combien il est peu présumable qu'on ait voulu rendre sur le marbre une chose aussi fugitive qu'un souffle, et qui n'a pas de corps. Cependant, si l'on considère que la forme de l'objet mis devant la bouche de Méléagre s'éloigne de celle de toute espèce de vase ; que cet objet est trop gros pour être un médicament solide que l'état d'agonie du mourant rendrait d'une déglutition impossible ; que la petite élévation correspond à la bouche et ressemble à une sorte de bave, on pourra regarder la chose comme extraordinaire, mais non comme impossible. Les artistes grecs ont cherché quelquefois à rendre une action instantanée ; nous en avons la preuve sans sortir du Musée ; il en sera parlé au N.° 712.

venue, par l'usage, l'expression consacrée. La présentation de la boule de cristal pourrait en effet nous donner, peut-être, l'explication de ce qu'on entendait par les mots *excipere spiritum; colligere extremum, supremum spiritum.*

Les antiquaires qui ont fait des recherches sur les usages et les coutumes des anciens se sont tous accordés sur ce point, que lorsqu'un individu était au moment d'expirer, son plus proche parent, ou la personne qui lui etait la plus chère, recueillait sur sa bouche son dernier soupir. Plusieurs, ensuite, ont avancé que pour recevoir ce dernier souffle, on plaçait ses lèvres sur celles du mourant. Ceux qui ont voulu produire une autorité à l'appui de ce sentiment, ont cité ces vers du quatrième livre de Virgile :

. . . . . . Extremus si quis super halitus errat,
Ore legam. . . . . .

et ce passage de la cinquième verrine : *matresque miseræ. . . . . quæ nihil aliud orabant nisi ut filiorum extremum spiritum ore excipere sibi liceret.* Mais ce que disent l'orateur et le poëte ne peut pas être regardé comme l'indice invariable de ce qui se pratiquait aux derniers momens de la vie. La sœur de la Reine de Carthage est toute hors d'elle quand elle parle ainsi, par l'organe de Virgile : elle vient d'apprendre tout-à-coup la fin tragique de Didon, et elle s'abandonne au plus violent désespoir : elle dit tout ce que la douleur lui suggère ; et qui ne sait ce que peut une extrême douleur ? tout ce qu'on dit, tout ce qu'on fait dans cet état cruel est-il toujours ce qu'on est dans l'habitude de dire ou de faire ? Virgile voulant peindre, avec les couleurs de la plus effrayante vérité, la désolation de la belle Anne, lui fait dire ce qu'inspire une vive tendresse : « Donnez-moi le corps de ma sœur ; et » si je suis assez fortunée pour qu'un souffle erre » encore sur ses lèvres, je veux le recueillir avec « les miennes. » Croira-t-on que la sœur de Didon, en proie au désespoir, conserve assez de sang froid pour se souvenir de ce qu'il faut faire indispensablement ? ce n'est pas ainsi que Virgile était dans l'habitude de peindre.

Quant à Cicéron, il me semble qu'on ne peut trouver dans ce qu'il dit qu'un trait pathétique, une vive métaphore, pour exprimer le désespoir de ces mères infortunées dont Verres faisait périr les enfans. Serait-il impossible que le poëte eût emprunté ce trait à l'orateur ?

Si, comme l'avance Pomey, dans son épitome *de funeribus*, il avait fallu placer sa bouche sur la bouche, ses lèvres sur les lèvres, sa poitrine sur la poitrine du mourant, pour recevoir son dernier soupir ; si ç'avait été là un usage général du temps de Cicéron et de Virgile, pourquoi aurait-il cessé sous les Empereurs ? La tendresse pour ses proches était-elle devenue moins grande ? Servius, qui vivait sous Constantin et Constance, en commentant ces vers de Virgile, renvoie au passage de Cicéron : cette manière de recueillir le dernier souffle d'un mourant n'avait donc plus lieu de son temps; car sans cela à quoi bon le commentaire ? Le souvenir s'en était même donc déjà tout-à-fait perdu, puisqu'il est obligé de citer une autorité. Mais son renvoi à cette autorité prouve-t-il qu'il regardait cela comme un usage qui aurait existé ? non, sans doute. *Ore legam*, dit-il, *sic Cicero in Verrinis : ut extremum etc.* Dans ces mots : *c'est ainsi que Cicéron dit dans ses Verrines*, peut-on voir la confirmation d'un usage ; n'est-ce pas plutôt la comparaison d'un trait du poëte avec un trait de l'orateur ?

Christophe Landini et Charles de la Rue, qui ont commenté aussi les vers de Virgile, affirment l'existence de l'usage que je nie ; mais le premier de ces scholiastes est mort à la fin du 15.e siècle et le second au commencement du 18.e ; ils ne peuvent donc pas faire autorité.

On ne peut pas calculer froidement dans son

cabinet ce dont est capable la douleur de perdre un être extrêmement cher ; mais il me semble que ce serait calomnier ce sentiment que de lui prescrire des règles. Quelques personnes, chez les anciens, ont pu, aussi bien que chez les modernes, se précipiter sur un mourant et coller leur bouche sur ses froides lèvres ; une mère n'y manquerait certainement pas, si on la laissait maîtresse de ses actions auprès de son enfant expirant, car que ne peut la douleur maternelle ; mais c'est là, si je puis m'exprimer ainsi, l'héroïsme de la douleur..., et toute personne n'est pas capable d'héroïsme *(a)*.

Le second des monumens de cette salle qui doit nous occuper est, ainsi que je l'ai déjà annoncé, le groupe désigné sous le titre de personnages romains dans le costume de Mars et de Vénus *(b)*.

Ces deux statues ont déjà bien exercé l'imagi-

*(a)* En disant que la boule de verre servait à constater la mort, je ne prétends pas avancer que ce fût un usage constant et auquel on ne manquait jamais ; je crois qu'il en est des *anciens*, à cet égard, comme des modernes : on sait que pour s'assurer de la mort ; il faut placer devant la bouche un corps poli, mais combien peu de personnes le font.

*(b)* N.° 272.

nation des antiquaires. Tous ceux qui les voient, mécontens de l'explication qu'en ont donné ceux qui les ont précédés en proposent une nouvelle, que rejettent à leur tour ceux qui viennent après, en attendant de voir la leur éprouver un sort pareil : je vais donc faire comme eux, sans pouvoir me promettre plus de bonheur ou de succès.

Dans le temps où tout personnage inconnu portant une arme, était considéré comme un gladiateur, on avait regardé ce groupe comme représentant l'Impératrice Faustine en la compagnie d'un de ces combattans (*a*) ; plus tard, on crut reconnaître dans ces deux personnages Volumnie implorant la clémence de Coriolan, son époux, en faveur de leur commune patrie ; enfin, le célèbre M. Visconti les désigna sous le titre, qui leur est conservé, de personnages romains sous l'apparence de Vénus et de Mars : *groppo di ritratti romani in sembianza di Venere e Marte :* il ajoute que la coiffure de la femme et la barbe de l'homme placent le travail de ce marbre au temps des Antonins.

Les Romains qui vivaient à cette époque de l'Empire où les arts montraient déjà une tendance décidée vers l'infériorité, avaient conservé,

---

(*a*) Voyez les planches de Perrier.

ainsi que le remarque M. le comte de Clarac, l'usage introduit depuis quelques siècles de se faire représenter sous la forme des Dieux, ou sous un costume qui leur fût consacré : les traits de Plautille, qu'il est impossible de méconnaître dans cette belle statue offrant cette Princesse sous les habits de prêtresse d'Isis, et qui a été acquise par les soins de M. de Forbin, en serait la preuve au besoin. Mais, en adoptant ainsi une forme allégorique, ils devaient nécessairement choisir, si les personnages étaient au nombre de deux, un des traits de l'histoire des Dieux dont ils prenaient l'image. On conçoit que si un homme ou une femme se font représenter isolément sous la forme d'une divinité, il suffit que l'artiste leur en donne quelqu'un des attributs pour que l'intention soit remplie : c'est ainsi que nous voyons l'épouse et la fille d'Auguste sous les emblêmes de Cérès; Livie Drusille sous l'apparence d'une Muse ; la mère d'Alexandre Sévère sous le costume d'une Vénus drapée ; l'épouse d'Adrien sous les attributs de la Concorde. Mais si deux personnages se font grouper ensemble sous la forme de deux divinités, il est indispensable, pour qu'ils soient reconnus, que leur attitude se rapporte à quelqu'une des actions les plus connues de l'histoire des immortels dont ils empruntent la ressemblance ; il est plus indispensable encore que l'un et l'autre soient réellement sous le costume de ces divinités.

C'est de la comparaison du groupe du Musée à deux autres groupes qui se voient l'un au Capitole, l'autre à Florence, que M. de Visconti a cru pouvoir inférer que le premier offrait aux regards deux portraits sous la forme de deux divinités.

On ne saurait douter que le groupe du Musée de Florence n'ait rapport à Vénus et à Mars : ce Dieu regarde amoureusement la Déesse qui est à demi-nue. Dans le groupe du Capitole, Vénus, le front ceint du diadême, caresse le Dieu qu'on voit appuyé sur sa lance : cette Déesse, dit Bottario, dans l'explication de ce monument, cherche par ses caresses à calmer Mars, qu'une fureur guerrière transporte. Voyons maintenant le groupe du Musée Royal.

Un homme dont la tête est couverte d'un riche casque et qui porte suspendue à son côté gauche une courte épée, est debout auprès d'un tronc d'arbre sur lequel il a jeté sa cuirasse d'étoffe. Une jeune femme vêtue d'une stole, sans ceinture, ayant sa *palla* sur l'épaule gauche et des cothurnes aux pieds, s'avance vers lui, les bras étendus.

Si l'auteur de ce groupe avait voulu figurer deux personnages mythologiques, il est à croire qu'il les eût représentés, l'un et l'autre, sous le costume que la fable leur attribue; car on ne peut pas supposer que pendant qu'il montrerait le mari sous les emblêmes d'une divinité, il laisserait la femme sous l'apparence d'une simple mortelle. Le casque et l'épée peuvent bien faire considérer l'homme comme une image du Dieu de la guerre; mais qui pourra jamais reconnaître Vénus sous les vêtemens de cette matrone romaine, exactement couverte de la tête aux pieds? Jamais les anciens ne représentèrent la mère des Amours entièrement vêtue, si ce n'est dans le premier âge de l'art; une partie des appas qui constituent la Déesse de la beauté restait toujours exposée à l'admiration de ceux qui chérissaient son culte. Même en peignant Vénus couverte d'une robe, l'artiste trouvait le moyen de laisser soupçonner ses charmes : la Vénus drapée de Praxitelle a la moitié du sein droit découvert, et celle qu'on appelle la Vénus pudique en montre un tout-à-fait nu. En supposant qu'une tunique eût voilé tous les appas de la Reine des Grâces, n'aurait-elle pas, pour assurer son triomphe, cette ceinture merveilleuse que lui donne Homère; ce ceste, dont le magique pouvoir fait palpiter le sein, porte le trouble dans tous les sens; lance des torrens de feu dans les veines, et fait partager au dernier des mortels une ivresse qui semblerait ne devoir être réservée qu'aux Dieux? Non-seulement la femme de ce groupe ne porte pas cette ceinture, mais elle est encore enveloppée d'une ample *palla*, qui certainement n'a jamais fait partie du costume de la séduisante Reine des Amours.

Examinons attentivement l'attitude des deux personnages, et tâchons, s'il est possible, de lire leur pensée dans l'expression de leurs traits; car quoique cet ouvrage soit loin d'être du plus beau temps de la sculpture, l'artiste n'en a pas moins su imprimer, dans leur maintien et sur leur physionomie, les sentimens que je suppose qu'il voulait rendre.

La tête de l'homme n'a pas cette attitude héroïque qui convient au Dieu des armes et qu'on donnait toujours aux Héros de l'antiquité; elle est abandonnée à son propre mouvement comme celle d'un homme qui médite. Le regard de ce guerrier a quelque chose de fixe et d'incertain; ses lèvres sont serrées et presque contractées: son front paraît sérieux; une certaine dureté est sur toute sa physionomie; son bras droit tombe le long de son corps de son propre poids; sa main gauche semble se porter machinalement sur la poignée de son épée ; tout annonce un homme fortement occupé d'un projet sinistre.

Si nous analysons la figure de la femme, nous croirons y trouver de la peine, de la pitié, de la douleur. On voit qu'elle est affectée de ce qui se passe dans l'âme de son époux ; il semble qu'elle le plaint, qu'elle voudrait le faire renoncer au projet qui le tourmente ; ce sentiment est dans ses yeux, sur ses lèvres, dans tous les traits de son visage. Elle s'avance vers lui les bras ouverts ; on sent que ce ne sont pas des caresses qu'elle veut lui faire, mais cette attitude est naturelle dans la situation où elle se trouve. Elle veut détourner l'attention de son époux de la pensée qui le domine, et ses mains vont s'appuyer d'elles-mêmes, et par un mouvement non réfléchi, l'une sur ses épaules, l'autre sur sa poitrine : c'est là du moins ce qu'il me semble apercevoir. Que si c'était Vénus et qu'elle voulût ici, comme le dit Bottario du groupe du Capitole, calmer la fureur belliqueuse de Mars, aurait-elle cet air inquiet et affligé ? Vénus était bien sure du pouvoir de ses charmes ; c'est par un doux souris, par un tendre regard, par cet air tout-à-la-fois soumis, mutin et caressant, auquel ne pouvait résister la colère même de

Jupiter, qu'elle aurait cherché à vaincre son amant et à le faire tomber à ses pieds. Éprouveriez-vous jamais d'autre sentiment qu'une sorte de commisération en voyant une femme dans une situation pareille à celle de ce marbre ? Est-ce en la regardant que vous pourriez vous écrier avec Lucrèce :

> Te Dea, te fugiunt venti, te nubila cœli,
> Adventum qui tuum, tibi suavis dædala tellus
> Summittit flores, tibi rident æquora ponti,
> Placatumque ridet diffuso lumine cœlum
> . . . . . . . . . . . . . . . . . . . . . . . .
> Nec sine te quidquam dias in luminis oras
> Exoritur : neque fit lætum, nec amabile quidquam.

Un portrait aussi enchanteur ne saurait convenir à cette statue.

La situation morale des deux personnages, telle que je viens de la peindre, convient-elle à Coriolan et Volumnie ? non, si on en place la scène au camp des Volsques. Là, Coriolan ne médite plus, il exécute : son plan est formé, il veut le poursuivre, et dans sa fureur il méconnaît ses Dieux, sa patrie et ses proches. Là, d'ailleurs, ce n'est plus sa femme qui joue le principal rôle, c'est Véturie, sa mère, qui le repousse de ses bras, qui ne veut pas recevoir ses embrassemens avant de savoir s'il la regarde encore comme une mère tendre et chérie, ou si elle doit se considérer comme une esclave des Volsques, en ne se séparant pas de ses concitoyens. Mais ne pourrait-il pas se faire que ce fût Coriolan frappé d'exil et roulant déjà dans sa tête, au moment même où il quitte sa femme et ses enfans, les noirs projets de la vengeance la plus impie et la plus illégitime ? Si c'était ce moment que l'action représente, nous trouverions dans Volumnie une épouse alarmée qui, moins sensible au malheur qui la frappe qu'au désordre moral de son époux, lui prodigue de tendres consolations. Elle a déjà pris les vêtemens de deuil puisqu'elle a quitté sa ceinture, car personne n'ignore qu'à l'exception de ce temps de douleur, c'était une honte pour une femme honnête que de paraître sans cet ornement.

Je n'affirmerai pas que ce soit plutôt ce trait d'histoire que tel autre analogue qu'exprime ce marbre, mais je me persuaderais difficilement que l'artiste qui l'a exécuté eût prétendu figurer une Vénus dans la Romaine dont j'ai tracé le portrait : ce sont deux personnages historiques qui n'ont, à mon avis, d'autre ressemblance avec le groupe de Mars et Vénus du Musée de Florence, qu'un certain rapport dans la pose.

Je n'ajouterai rien à ce qu'a dit M. de Clarac sur l'exécution de l'ouvrage ; je ferai remarquer seulement que, pendant que l'artiste arrangeait les cheveux de la femme suivant la mode du temps où il vivait, il lui mettait aux pieds des cothurnes, qui depuis très-long-temps étaient abandonnés aux gens de la campagne : les Dames romaines ne chaussaient plus alors que le joli soulier sicyonien. La lourde semelle du cothurne, qui avait été portée par les matrones romaines dans les premiers siècles de la république, pouvait bien convenir à l'épouse de Coriolan, mais elle ne pouvait plus se concilier avec la mollesse des mœurs sous le règne des Empereurs.

En quittant la salle du Héros combattant on entre dans celle de la Pallas. J'aurais bien quelques observations à faire sur la tunique de la Melpomène du bas-relief représentant les Muses, ainsi que sur celle de la Melpomène colossale qui se présente avec tant de majesté au fond de cette enfilade de pièces ; mais je les renvoie au traité du vêtement des anciens que je me propose de publier incessamment. Je ne m'arrêterai donc dans cette salle que pour signaler une erreur qu'on a commise constamment à l'égard de l'une des faces du bel autel Zodiacal (*a*), celle qu'offre le

(*a*) N.° 331.

signe du Sagittaire. Les dessinateurs qui ont copié cette figure ne l'ont point rendue telle qu'elle est, induits en erreur par la restauration qu'on en a faite et qui est irréfléchie et ridicule. Le sculpteur aurait dû s'apercevoir que ce n'est point un monstre moitié homme moitié cheval que ce monument représente, mais un Sagittaire moitié homme moitié taureau, comme on le voit fréquemment sur les monumens astronomiques. Toutes ses formes s'éloignent de celles du cheval; ses épaules, ses cuisses, la rondeur de son ventre, les touffes de poil qui sont en avant et en arrière des jambes de devant, la queue et surtout ce signe non équivoque placé sous le milieu du ventre, indiquent incontestablement le corps d'un taureau. Aussi, en substituant des jambes de cheval à celles que cette figure devait avoir réellement, et en se renfermant dans les proportions obligées que prescrivait le marbre, proportions calculées justes pour des jambes de taureau, on a fait de la partie inférieure de ce monstre un composé massif sans grâces et sans harmonie. Au lieu des jambes fines, délicates et légères d'un beau coursier, on a été obligé de fabriquer des jambes courtes, épaisses, lourdes et sans rapports, qui contrastent de la manière la plus choquante avec l'élégance et le goût qui règnent dans toute la partie antique de cet ouvrage. Ce serait un service à rendre à ce beau monument que de faire disparaître cette défectuosité et de renouveler cette restauration d'une manière plus conforme à la pensée de son auteur.

Winkelman qui, dans ses Monumens inédits, donne la figure de ce Sagittaire sans la restauration des jambes, a omis le signe caractéristique du ventre, et M. Visconti qui, dans ses *Monumenti Gabini*, l'a fait graver avec les jambes restaurées, ne fait aucune remarque sur cette erreur, quoique dans son dessin rien ne soit oublié (*a*).

Nous ne sortirons pas de cette salle sans remarquer une particularité qui s'offre rarement sur les monumens, et qui se trouve répétée deux fois dans ceux qui décorent cette pièce : ce sont les boucles d'oreille que portent quelques figures des bas-reliefs placés sous les statues de la Providence et d'Euterpe (*b*) : on ne les rencontre sur aucun autre marbre du Musée.

Dans le premier de ces bas-reliefs, représentant Junon qui surprend Jupiter en tête à tête avec

---

(*a*) L'observation relative à ce monument m'avait échappé ; elle me fut indiquée par un artiste qui dessinait une des faces de cet autel et dont je regrette de ne pas savoir le nom pour lui rendre ce qui lui est dû.

(*b*) N.os 324 et 342.

Thétis, on ne voit de boucles qu'aux oreilles de la jalouse Déesse : elles sont rondes et plates comme celles que nous appelons boutons ; mais au lieu de pendre comme les nôtres, ces boutons sont placés très-haut et couvrent le petit lobe de l'oreille avec lequel on pourrait les confondre s'ils ne s'en détachaient pas aussi bien.

Des boutons de cette même espèce se voient aux oreilles de Latone dans l'autre bas-relief : ceux-ci, quoique disposés de la même manière, sont d'une forme différente et qui se rapproche de celle d'une coquille de mer.

Un groupe qui, comme celui dont j'ai parlé plus haut, a souvent excité la controverse des antiquaires, se trouve dans la salle de la Médée : il offre deux beaux adolescens à côté l'un de l'autre et soutenus par un support commun (*a*). Regardé par les uns comme représentant les deux frères Castor et Pollux, par les autres comme Oreste et Pylade, ce groupe est désigné dans le livret sous le nom de Mercure et Vulcain : cette explication serait en effet la plus vraisemblable, si la figure de la droite n'était pas trop jeune pour offrir les traits de Vulcain, et si la bipenne était un des emblêmes de ce Dieu.

---

(*a*) N.° 488.

Dans tous les monumens où l'inventeur de l'art de forger les métaux se trouve représenté, on le voit vêtu, au moins en partie; presque toujours il porte la barbe, et on trouve auprès de lui, ou dans ses mains, des tenailles ou un marteau. On peut avancer même, que l'inégale longueur de ses membres inférieurs était toujours exprimée d'une manière non équivoque dans ses statues : Ciceron n'aurait pas cité celle qu'Alcamènes avait fait pour Athènes, dans laquelle ce célèbre artiste avait su faire sentir l'état de claudication de ce Dieu, quoique son corps ne présentât aucune difformité, si cet exemple n'avait pas été rare, et il est à remarquer qu'Alcamènes avait fait son Vulcain debout et vêtu. La bipenne n'est point d'ailleurs un instrument propre à l'art du forgeron : ce qui a pu être pris pour une double hache dans quelques monumens est un gros marteau de forge. Le fer de cette masse est un peu plus large aux bouts qu'au milieu, mais il ne s'évase pas en forme de double *pelta* comme celui de la bipenne. Telle qu'on la voit sur le soutien de ces deux statues, la bipenne est une arme de guerre et non un instrument de travail : c'était celle des Amazones, et nous la trouvons entre leurs mains dans presque tous les monumens qui leur sont relatifs; on n'a qu'à consulter les collections de Canini, de Piranesi, de Caylus, de Winkelman et autres.

Si nous examinons ensuite la coiffure du Dieu auprès duquel est déposée cette arme, nous serons assurés qu'elle ne peut convenir à Vulcain. Les cheveux un peu en désordre sont encore un de ses signes caractéristiques, outre le bonnet pointu qu'il porte habituellement. Ici, loin de voir cette chevelure en désordre, nous trouvons au contraire une coiffure remarquable par sa symétrie, son arrangement étudié : pendant que les cheveux du derrière de la tête sont soigneusement tressés en larges nattes, ceux du front sont roulés sur un rameau de lierre duquel s'échappent quelques corymbes qui viennent couvrir les tempes. D'après cet ornement, il semble qu'on doive voir dans cette statue le joyeux Dieu du vin plutôt que le noir chef des Cyclopes : la bipenne nous indiquera alors Bacchus vainqueur des Amazones, car on sait que c'est là un des exploits de ce Dieu; Pausanias en parle dans son voyage en Grèce (*a*) à propos du temple de Diane, à Ephèse, dans lequel ces guerrières s'étaient réfugiées après leur défaite.

Les cheveux roulés sur un rameau, sur un

---

(*a*) Livre VII chap. 2.

ruban ou sur tout autre objet paraissent constituer une coiffure très-ancienne. C'est un moyen qu'on avait imaginé sans doute pour les empêcher de tomber sur le front et de gêner la vue. Cette coiffure est celle de Platon, dans l'iconographie de Canini (*a*) : un bandeau placé au-dessus du front de ce sage et contourné lui-même sur quelque chose qu'on ne peut pas distinguer, les arrête et leur fait former un bourrelet.

Le dernier monument sur lequel je ferai des remarques, est la statue de Mercure de la salle des Cariatides : elle se trouve auprès du dernier de ces vastes cratères qu'on voit souvent recevoir et transmettre à l'autre extrémité de la salle, les petites confidences que de jolies bouches déposent sur leurs bords (*b*).

Long-temps on avait regardé cette statue (*c*) comme le portrait de Germanicus, et c'est sous

---

(*a*) Planche 48.

(*b*) Toutes les personnes qui fréquentent le Musée connaissent la propriété qu'ont ces deux grands vases, de conduire le son et de se le transmettre l'un à l'autre. Les Dames qui sont admises à visiter ces salles les jours consacrés à l'étude, ne manquent jamais de se parler par leur intermédiaire.

(*c*) N.° 712.

ce nom qu'elle a été gravée dans la collection de Maffei (*a*), mais M. Visconti démontra d'une manière incontestable l'erreur de cette dénomination, et il prouva que c'était un personnage inconnu sous la forme de Mercure.

Cette coutume de se faire représenter sous des emblêmes mythologiques pourrait bien avoir pris son origine dans celle qu'avaient quelques parens de consacrer leurs enfans à certaines divinités. Celui qui avait été l'objet d'une telle consécration portait, pendant toute la durée de sa première enfance, quelqu'un des attributs du Dieu sous la protection spéciale duquel il avait été placé : c'était un caducée ou un petit petase ailé si l'enfant avait été voué à Mercure ; un arc ou un carquois si c'était à l'Amour. Il ne serait pas impossible que le Romain dont ce marbre nous retrace les traits, ayant été lui-même consacré à Mercure dans son enfance, eût fait placer à ses pieds la tortue, par allusion à cette première dévotion.

L'artiste qui a exécuté cette belle statue a cherché à exprimer le moment, si fugitif, où le manteau venant à glisser de l'épaule sur le bras, tombe tout-à-fait à terre.

(*a*) Planche 69.

M. de Clarac ne se trompe-t-il pas quand il dit que cette draperie serait déjà tombée si elle n'avait été retenue par le caducée que ce Dieu devait avoir dans sa main gauche? La main de cette statue ne paraît pas avoir porté de caducée, et si elle en avait eu un, il n'aurait pu remplir l'office qu'on lui suppose. D'après la position de cette main, la baguette qu'elle aurait tenu se serait dirigée en avant et en bas, et elle n'eût été d'aucun secours pour empêcher le poids de la partie du manteau qui est déjà au-dessous du bras, d'entraîner tout le reste à terre. Il paraît bien sensible que le statuaire s'est fait un jeu de rendre le mouvement rapide de la chute de cette draperie. D'autres monumens offrent l'exemple d'un effet momentané pareil à celui-ci, et on le retrouve de la même manière sur une autre statue de Mercure dessinée dans le recueil de Maffei (*a*): comme dans celle-ci, le manteau glisse à terre le long du bras sans que rien puisse l'en empêcher, puisque la main du Dieu tient une bourse au lieu d'un caducée. Un restant de tenon qu'on aperçoit sur la draperie, pourrait bien faire supposer que notre Mercure portait lui-même une bourse, ou quelque chose d'analogue.

---

(*a*) Planche 55.

www.ingramcontent.com/pod-product-compliance
Ingram Content Group UK Ltd.
Pitfield, Milton Keynes, MK11 3LW, UK
UKHW020942180726
13838UKWH00003B/1066

9 782329 412023